CATHERINE LEPAGE

Fines tranches d'angoisse

ÉDITIONS
SOMME
TOUTE

Êtes-vous
angoissé?

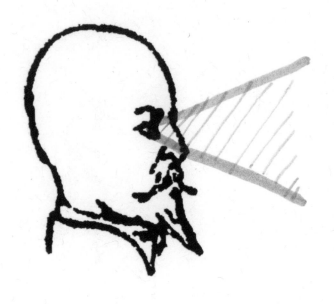

CHAMP DE VISION D'UNE

PERSONNE *normale*

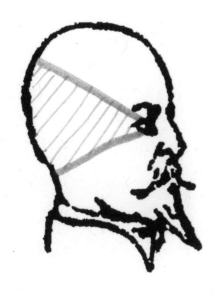

CHAMP DE VISION D'UNE
PERSONNE <u>angoissée</u>

Moi,

oui.

c'est cyclique,
ÇA vient par
Phases.

Quand ça
arrive, ça me
PARALYSE.

tout
devient
FLOU.

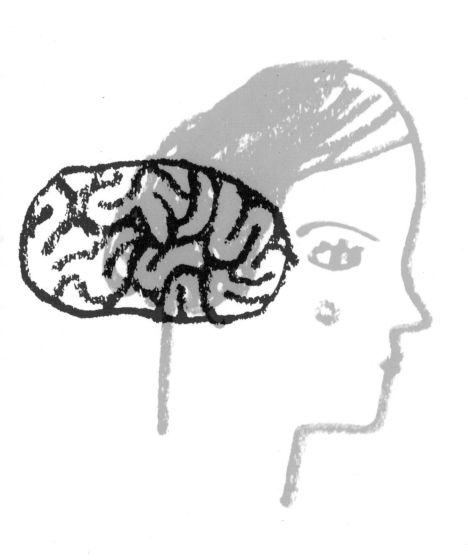

PRENDRE
une simple
DÉCISION
devient
IMPOSSIBLE.

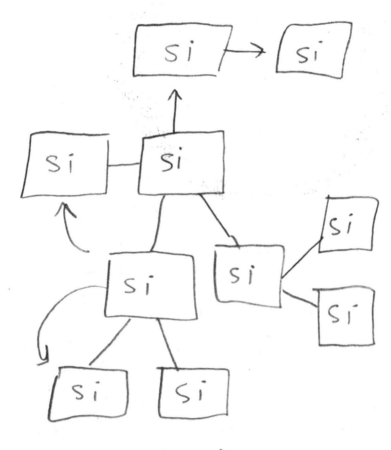

TABLEAU PÉRIODIQUE DES
ÉLÉMENTS DE RÉPONSE

JE VOIS TOUJOURS
LES DEUX CÔTÉS
DE LA MÉDAILLE
EN MÊME TEMPS.

Même que des fois,

j'en trouve

ENCORE PLUS!

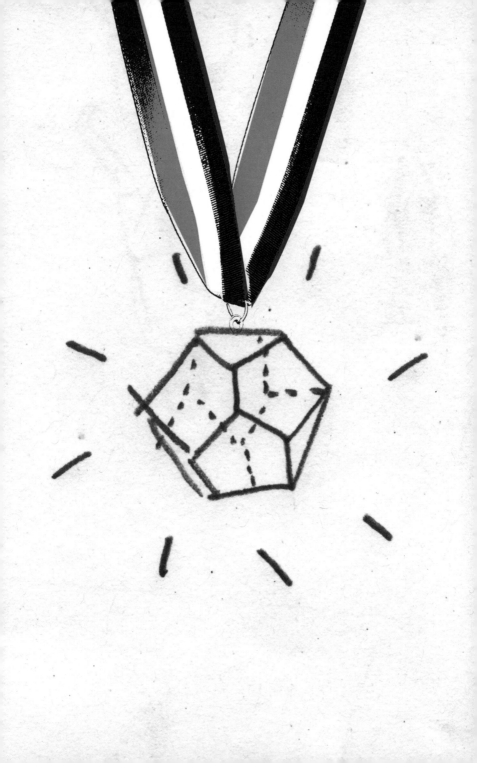

C'EST COMME ÇA.
QUAND L'ANGOISSE
DÉBARQUE, elle
m'envahit
complètement.

Elle est

INCONTRÔLABLE.

Et même si je la
connais depuis LONGTEMPS,
je ne sais TOUJOURS PAS
COMMENT
y faire face.

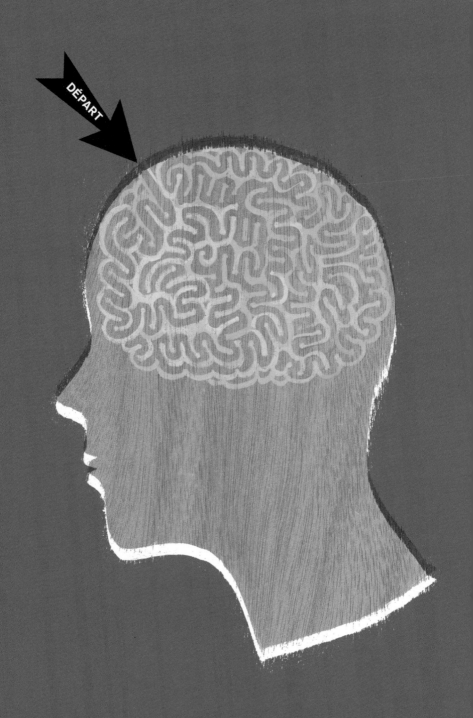

Par contre,
J'AI RÉUSSI à
identifier les
CHEMINS
QU'ELLE emprunte.

CHAPITRE 1

Les 4 pratiques qui attirent l'angoisse

n° 1

Accumuler trop de fatigue

Nº 2

Refouler ses Émotions

Nº 3

Se fixer des objectifs trop élevés

Nº 4

Collectionner

LES

Responsa-
bilités

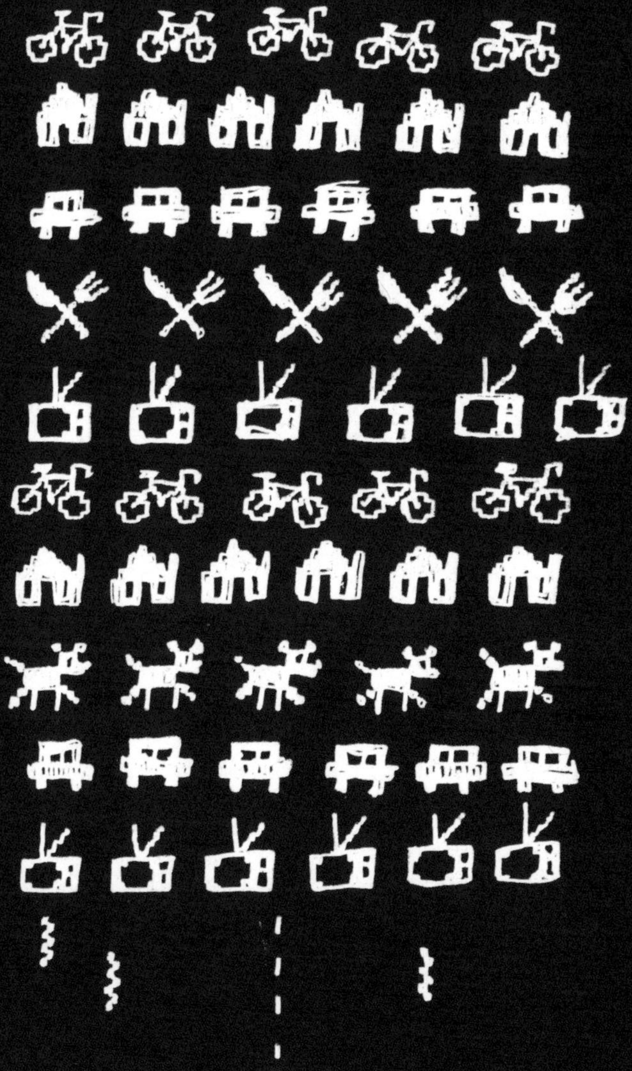

Puisque je connais
les causes de mon
ANGOiSSE,

POURQUOI

J'ENTRETIENS ENCORE CES

COMPORTEMENTS

MALSAINS ?

CHAPITRE 2

L'attrait du risque

C'est pas ma faute,
j'aime performer.

JE VEUX ÉPATER
la galerie.

ET QUAND je
suis motivée,
je DOse mal
mon énergie.

Une petite voix intérieure
ME DIT **attention !**

c'est dangereux.

EMBALLÉE

par mes projets,
le finis par
pousser un peu
TROP LOIN .

faut croire que
j'aime JOUER
avec le **FEU**.

Ça finit
toujours
pareil.

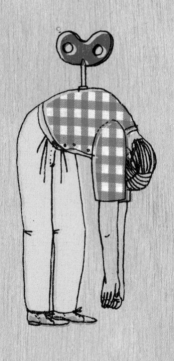

Et je fais
face à ma
PLUS GRANDE
FRayeur :

LE VIDE.

Ensuite,

j'en ai pour plusieurs

jours à patauger

dans mon

MAL- ÊTRE.

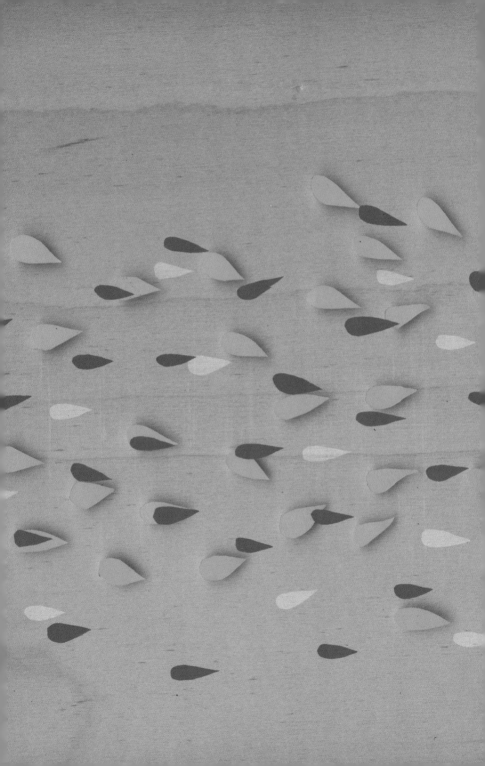

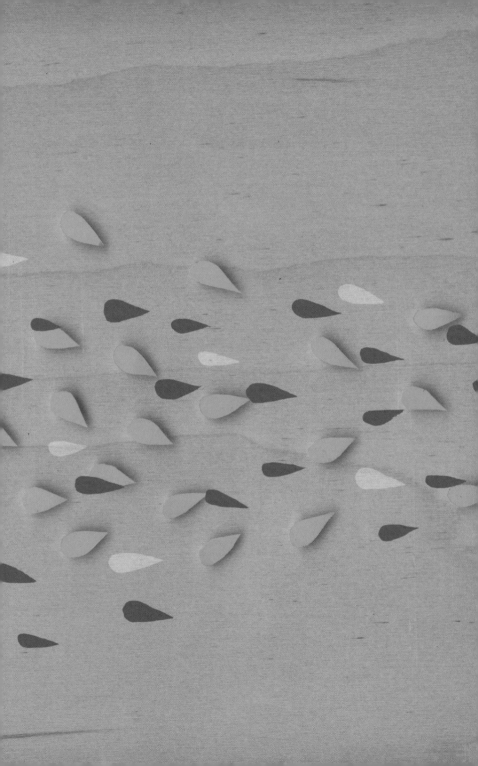

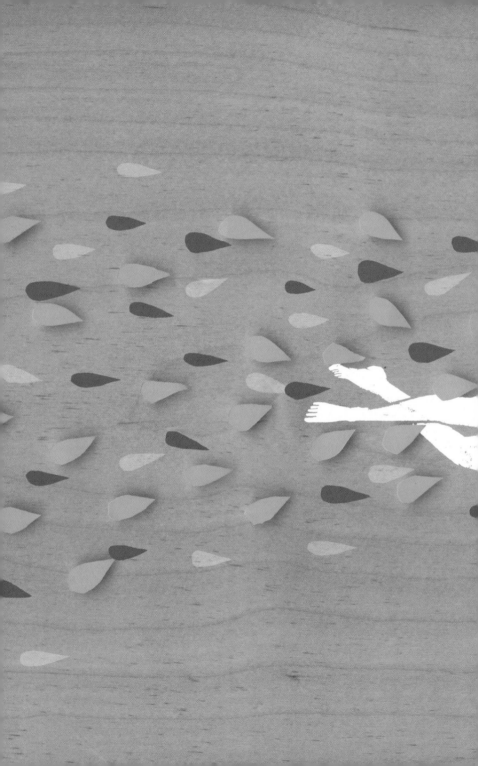

JE ME DÉMÈNE
POUR M'EN SORTIR,
mais RIEN NE
Bouge.

Probablement
que je ne METS PAS
mes efforts à
la BONNE PLACE.

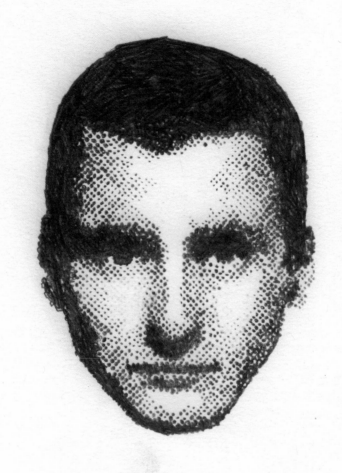

QUIÉTUDE

INQUIÉTUDE

Dans ces moments-là,
j'ai peur de retomber
en DÉPRESSION.

ESSAIE
de ne pas
TOUJOURS
appréhender le
PIRE.

et si je n'y arrive PAS?

CHAPITRE 3

4 phrases cucul bonnes à retenir

№ 01

Ouvre

TON

coeur

№ 02

La <u>vie</u>, C'EST COMME LES

Bikinis :

C'EST FAIT DE HAUTS ET DE BAS
ET ÇA NE PEUT PAS TOUJOURS BIEN ALLER.

Si ton ego
t'empêche d'évoluer,
coupe-lui son e.

№ 04

PARFOIS, FAIRE

PERMET DE MIEUX

C'est un peu
MA FAUTE
aussi.

je dépends du
regard des autres.
J'AI peur DU
JUGEMENT.

alors J'ESSAIE
DE FAIRE COMME
TOUT LE MONDE,

Mais voilà,
JE NE ME SENS PAS
à ma place.

Au fait,

c'est quoi,

MA PLACE ?

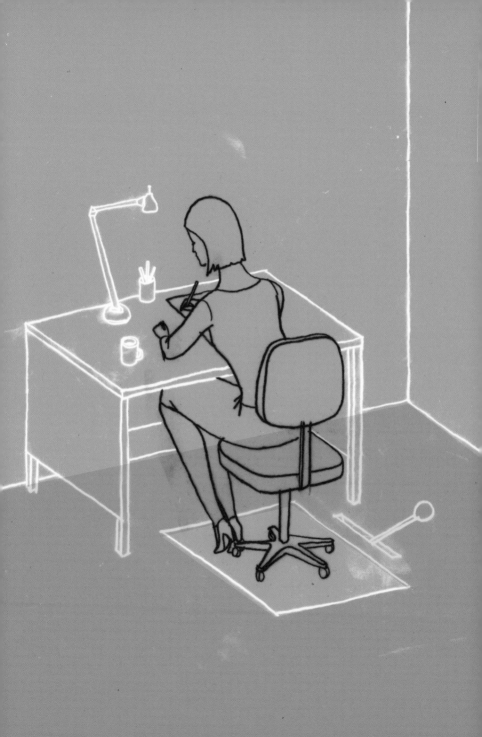

DEPUIS toutes CES
Années à REFOULER,
j'ai perdu contact
AVEC MES émotions.

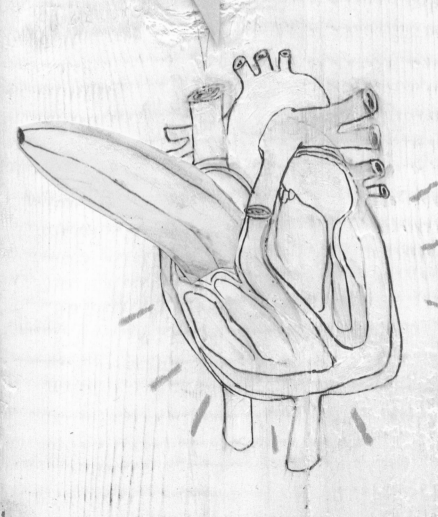

Je voudrais
CHANGER,
mais je ne sais pas
COMMENT m'y prendre.

Puis je me sens
COUPABLE DE MAL
ALLER, moi la
privilégiée qui
A TOUT DANS LA VIE,
LA santé, l'amour,

tout.

JE SUIS une
ÉTERNELLE
iɴSATiSFAiTE.

Condamnée

à vivre mes hauts

et mes BAS

émotifs.

FINAL

EMENT,

je suis juste
un être humain.

Fines tranches d'angoisse

a été publié sous la direction de Renaud Plante.

Conception et design graphique : Catherine Lepage
Coordination de la production : Marie Lamarre
Révision : Jenny-Valérie Roussy
Correction : Philippe Paré-Moreau

© 2014 Catherine Lepage et les éditions Somme toute

ISBN papier 978-2-924283-22-6 ♦ epub 978-2-924283-23-3 ♦ pdf 978-2-924283-24-0

Nous remercions le Conseil des arts du Canada de l'aide accordée à notre programme de publication et la SODEC pour son appui financier en vertu du Programme d'aide aux entreprises du livre et de l'édition spécialisée.

Nous reconnaissons l'aide financière du gouvernement du Canada par l'entremise du Fonds du livre du Canada (FLC) pour nos activités d'édition.

Gouvernement du Québec – Programme de crédit d'impôt pour l'édition de livres – Gestion SODEC

Dépôt légal – 1er trimestre 2014
Bibliothèque et Archives nationales du Québec ♦ Bibliothèque et Archives Canada

De la même auteure

12 mois sans intérêt
Mécanique générale, 2007

Pour la jeunesse :

Mon abominable belle-mère
Les 400 coups, 2009

Achevé d'imprimer en février 2014 sur les presses de l'imprimerie Transcontinental.
Cet ouvrage est entièrement produit au Québec.